얼굴이 쓰는 이야기

박만식朴萬植 시인은 전북 익산에서 태어났고, 1999년 ≪문학공간≫ 신인문학상에 시 「전라선」 외 5편이 당선되어 작품 활동을 시작했다. 시집으로 『푸른 간격』과 『물집』, 편저로는 『낯선 현대시』, 『고전평설』 등이 있다. 익산 이일여자중·고등학교에서 국어 교사, 교감으로 재직하다가, 2017년 이일여자고등학교 교장을 끝으로 38년간의 교직생활을 마감했다.

mhansik@hanmail.net

리토피아포에지·138
얼굴이 쓰는 이야기

인쇄 2022. 12. 10 발행 2022. 12. 15
지은이 박만식 펴낸이 정기옥
펴낸곳 리토피아
출판등록 2006. 6. 15. 제2006-12호
주소 21315 인천 부평구 평천로255번길 13, 903호
전화 032-883-5356 전송 032-891-5356
홈페이지 www.litopia21.com 전자우편 litopia@hanmail.net

ISBN-978-89-6412-173-3 03810

값 10,000원

박만식 시집

얼굴이 쓰는 이야기

리토피아
LITERATURE & UTOPIA

시인의 말

폭폭하지만 둘러대기 싫어 시를 쓰고,

더부룩한 생각 손바닥으로 쓸어내려
시가 짧아졌다.

또 한 권의 일을 저지르고
우두커니 서 있는 나를 시들이 바라본다.

꼭 보고 가야 할 표정이 남아 있다.

2022년 가을 붓내길에서
박 만 식

차례

제1부

제1부

믿고 믿음

백일홍 환한 완주 송광길 언덕에
용진성당과 자선암이 어깨를 맞대고
도란도란 앉아 있습니다

암자 마당에서 독경 들으며
아침 공양 쪼아대던 참새 떼
포르릉
성당으로 자릴 옮겨 찬송가 들으며
맛난 점심을 먹습니다
초파일엔 느티떡 받들어
성당으로 마실 다녀오고
부활절엔 빵 올려 물고 암자에 다녀오곤 하는데,

암자와 성당은 서로 공손히 합장하며
소곤소곤 저녁을 맞이합니다

씻김붓

붓 글자가 좋아요
붓 닮은 붓꽃도 좋아요
혼을 깨치는 붓
회한을 다독여
붓 통해 용서 배우며
붓으로 쓰는 허심탄회
마음만으론 모자라
때론 붓의 힘으로
또 다른 나를 찾아야 해요

적막을 좋아하는 붓
먹물 머금고 생각 틔우는 붓
버림받으면 더욱 냉정해지라며
눈물 닦아주는 붓
쥐면 마음 편안해지고
눈에 불을 켜도
붓 뛰어넘을 수 없기에
서툰 붓질이지만
붓길 지난 자리 환해지니

붓 길에서 살다가

붓 길 따라가겠어요

가을 강을 보며

물은 물로 산다
물은 물로 숨 쉰다
물은 물을 물들이지 않는다
다만 사람을 물로 보는 빗댄 이치로
물의 생각만 짐작할 뿐

강물은 물들지 않기 위해 흐른다
욕망에 물들면 안 되기에
물듦을 깨닫는 순간 그 물빛을 멀리하며
물의 본심으로 돌아가기 위해
폭포로 뛰어내려 거품을 걸러내고
돌이킬 수 없이 물들면 실개울 따라가
방죽에서 연꽃을 피우고 진흙이 된다

물의 가면은 멈춤이다
더 흘러갈 수 없을 때 물은 가면을 쓴다
첫사랑, 누구나 물들고 싶은 물빛이다
물빛보다 더 돋보이는 사랑을 위해
물빛을 따르지만

그 물빛은 다른 물에 물들어 버리곤 하여,
폭포의 물방울도 연꽃의 물도 되지 못하고
가면을 쓴 채 말라버린다

기슭에 대하여

기슭, 기슭이 없다면
모든 것이 중심 놓치고
가운데로만 곤두박질치겠지만
강과 호수의 기슭은
낮지만 서로를 느긋하게 안아주고
기슭에 닿는 우릴 꼬옥 붙잡아 주지요
적고 작은 사람들은 세상의 중심을
원망하지만, 그래도 괜찮아요
중심도 힘들게 살아온 흔적이니까

비탈은 더 미끄러지지 않게 버텨주고
외로움은 기슭에서 자라지만
우린 그곳에 옹기종기 모여 살잖아요
6월의 옥정호를 우러르는 이유는
밭아 주름진 물의 기슭, 물의 나이테
있는 그대로 보여주기에
물의 집에 물로 살고 있기에

등꽃

군용 담요 자른 포대기에 업혀
등에 핀 등꽃 냄새 맡으며
울다가 잠들곤 했다지요
따듯한 등에 귀 대고 엎드리면
별 달 토닥임 콩콩 들으며
잠들곤 했다지요,
앞으로 기운 등 보면서
함부로 등 돌리고 등 보이면 못써,
다짐했는데
그 아픈 등에 조등弔燈이 켜졌어요
잘못했어요

표정, 얼굴이 쓰는 이야기

얼굴은 표정을 만든다
표정은 마음의 밑그림
때론 비밀을 대신 비유하는
부드러운 가면이다

바라보는 낯선 얼굴 있어
도두보이기 위해
크고 밝은 표정 베끼고 본뜨면
나다움 다 지워진다
표정은 말보다 구체적이고
그림자와 걸음에도 스며 있어
표정에 얽매여 살지만
어색하고 서툰 표정을 사랑한다

진심은 강물처럼 변하며
표정 뒤에서 망설이기도 하지만
공평할 때 얼굴은 선해지고
공정할 때 표정도 진실해져,
태어날 때와 숨 멎을 때

표정은 마음을 기억하고
내 얼굴로 돌아와 완성된다

지퍼

상식과 도덕이 겹치면 부끄럼 감춰지고
두 갈래 맞물림으로 선악 가늠하며
헤 벌린 막무가내 통제를 위한 여밈 장치,
띠 가운데의 촘촘한 철로 위를 오가는
지퍼 손잡이는 기차의 소축척 버전,
한눈팔면 등 지퍼 대신 내려주는 탈선과
잠금 바깥 으슥한 골목의 은밀한 바람이
고매함 번듯함 한순간에 끌어내리려
자꾸자꾸 유혹하지만,
실수와 추스름의 팽팽한 긴장을 엮는
지퍼 끝 종착역 같은 멈춤 막음쇠 있어
흔들리는 마음의 기차 꽉 붙잡아주는 고집불통
위대한 지퍼

거미줄은

막막하게 늘여 반짝반짝 유혹하는
부드러워 질긴 저승 안테나

휘영청 뜬 공공연한 비밀감옥으로
바람과 숨바꼭질하는 목숨 붙들어 전시하는
자연사自然死 박물망

무당거미가 내놓은 수수께끼이자
곤충들이 풀어야 사는 답의 실마리

청춘 꽈배기

∞무한대처럼 꼬였지만
긍정적으로 타고난
오뚝이 8자 안고
왁자지껄 기름 가마솥에서
서너 번 휘돌아 나와
눈꽃 설탕 밭에서
사리살짝 몸 배배 틀어 뒹굴면
쫄깃해서 신나는 청춘 탱고

고분고분 찍히다

입술에 침 바르는 근엄한 집중
어색한 미소에 감춘 건들건들
생각까지 읽고 찍는
전지전능한 사진사 앞에 앉아
깜작거림 없이 또랑또랑 눈 크게 뜨고
어쩜 그렇게 말 잘 듣는 긍정

능구렁이 꼼수 너구리 반칙왕도
자 여기 봐요 고개 오른쪽으로 약간 틀고
웃어요, 아니 이 보이게 다시 웃어 봐요
사진사의 요청과 은근한 명령에도
고분고분 순수한 바보가 되어 찰칵,

어깨에 힘주며 나가다가 희번덕거리며
귀에 대고 은근히 낮은 목소리로
대충 빼지 말고 꼭 뽀샵 해 달라며
사정도 하는 간지러운 우격다짐

우편배달 새

언덕 너머 개나리꽃 사이로
언뜻 오토바이 흘러가는데
얼굴 대신 새가 보인다

우체부 얼굴 높이와
저수지 이쪽에 앉은 내 시선과
물 위로 날아가는 새

셋의 교묘한 각도에서
클로즈업된 오토바이 탄 듯한 새
운암우체국 로고, 세 마리 새 중
날아온 한 마리일까

구멍가게의 구멍

세상이 무섭고 가게도 구멍처럼 작아
가게 앞에 구멍을 붙인 구멍가게
슬레이트나 양철 지붕 머리에 인 꼬부랑 집에
중동 모래바람 맞고 월남에서 귀신 잡고 돌아온 아들이
가난 팔자 뚫어 차려드린 배부름 찾는 구멍
동네의 설움 눈물 탄식 오롯이 받아주던 곳
설렘과 호강은 구멍 안처럼 어두웠지만
좁고 긴 골목을 끼고 있는 구멍가게의
슬픈 구멍 들락거리며 아이들은 굵어졌고
숨이 턱에 차게 씩씩 자랐다
우리의 콧물과 군침이 만든 구멍가게
검붉게 눌은 아랫목에 두 손 엉덩이 받쳐 앉아
빙문 눈높이에 붙인 쪽 유리로 내일을 내다보던 누인은
허점이나 능청은 외상으로도 팔지 않았고,
구멍가게 불이 꺼지면 온 동네도 잠이 들었다
주문과 셈을 포기하여 폭삭 주저앉은 구멍가게는
우리나라의 변두리와 골목이 쓴 자서전이다

낙낙놀이터

광주선 극락강 건너면
즐거울 락樂, 노크 소리 Knock(낙)의
낙낙놀이터가 있어요

놀 권리 놀 궁리 보장되어
신나고 즐거워 희희낙락 극락초
우리는 늘 히히 재밌게 놀죠
개미문구 왕눈이 색칠 공부방 건너
작은 책방 나무늘보에는
예쁜 느림보 거북이들이
알록달록 책 위에서 늘어지다가
밥 먹고 놀고 치킨 먹다가 놀고
슬슬 놀고 놀다가 지치면 어리둥절 잠들며
가끔은 잘 놀아야 복 받고 상도 받았어요
공분 꿈속에서도 하는 데요 뭘

어른들은 마음의 극락이
여기라고도 해요, 우린 잘 모르지만

옹알이

엄마 목소리와 엄마 냄샐 읽고 쥐엄쥐엄 생각하여
애 터지게 완성 시키는 꾸밈없는 아가들의 시詩

그이의 흔적이 유언이에요

그이 가신 뒤로 10년 동안
작은 방에서 쪼그리고 잤어요
창문도 안 열고 장롱문도 못 열었어요
그이 냄새 나갈까 봐

애들도 잠든 달팽이집에
입에 독침 문 침파리 쉬파리 말벌
웽웽 달려들었다
눈만 부릅뜨고 쏘이고 또 쏘여
퉁퉁 부은 그의 지하의 시간,

고샅길 너머 샛강에서 물장구치다가
노란 탱자 코에 대고 잠들던
물의 나라로 날아가 있을 거예요

그이 유품 옮긴 후에는
매일 창문을 열고 살아요
그이 냄새 불어올까 봐

낙지의 보릿고개

와글와글 시장이 좋아 가요제
슬쩍 봉다리 술 돌고 노래 돌다가
초대 가수의 보릿고개 전주곡 흐르는데
—눈을 떴다 감았다 하는 뻘낙지 세발낙지가
한 마리에 삼천 원,
트럭 확성기에서 터져 나오는 소란
행사 진행자가 꺼달라고 통사정해도
—진성이만 보릿고개여, 낙지도 시방 보릿고개여,
아야 뛰지 마라 배 꺼질라 가슴 시린 보릿고개 길
—떴다 감았다 하는 살아있는 세발낙지가,
앵콜 앵 콜 앵콜 앵 콜, 가순가 낙진가?
바람에 날려버린 허무한 맹세였나 첫눈이 내리는 날
—세발낙지가 한 마리에 삼천 원
안동역에 눈은 내릴까

재채기, 눈을 뜰 수가 없어요

슬로 모션으로 보면
으으으 눈 껌벅이며 눈썹 치켜뜨고
고개는 위로 콧구멍 넓어져 고개는 더 위로
입 벌려 온몸 부르르 뚝
고개 푹 떨어뜨리며 으-에-취
시원하고 찜찜한 재채기, 눈을 뜰 수가 없어요
2차 3차 다시 올 재채기 대비하며
코 나왔나 침 얼마나 흘렸을까
슬쩍 둘러보며 거울 보게 하는

재채기는 저마다의 사정을 알아 처신한다
조문 가서 절 올릴 때, 연인과 입 맞출 때
면접관 앞에 앉아 절실한 눈으로 답변할 때
지켜주는 센스도 있다
온도와 바람과 민감 알레르기가 내놓는 재채기
몸의 터보엔진 폭발 작용으로
살아 있는 순수 반응 몸부림이 탄생시킨
세계인의 재채기 공용 감탄사, 으-에-취!

뼈의 꿈

골목 끝집 문간방
천사의 눈물꽃 빼빼 바스라진 윗목
냉골 장판 위 바둑판무늬 셔츠 안에 새긴 고독사
누워 입 벌린 채 벗어 놓은 뼈의 지도
훗날 어떤 살옷 입는 꿈 꾸었을까

눈총을 맞다

전나무 그늘에 서서 부채질하는데
따끔, 뒷덜미 서늘하다
저만큼 가서 우러러보니
아슬아슬 주둥이 내두르는 새끼 있어
떠나지 않고 위아래 함부로 흘겨보는
나에게 쏜 새총, 따가운 눈총
외면이 필요할 때의 맹목과 집착은
얼마나 불안한 위협인가
불량한 나를 콕 쪼아 평정심 새겨준
조용한 벼락, 새를 보고 반성한다

파리채를 추억하다

힘센 건강원 달력 못에 걸린 파리채
엄마들의 지휘봉이자 요놈의 맴매
안전장치 없는 부드러운 탄력의
집요하고 공공연한 수동식 병기

오톨도톨 미끄럼 없는 손잡이
사각의 연두색 판에 구멍 뚫려
바람의 저항까지 줄여 휙휙 흔들면
속절없이 맞던 찝찝한 파리채

가끔 노인 등긁이로 하품 털어내고
수틀리면 요요요 삿대질 도구
파리 날리는 어물전은 허공 때리는 필수품
맛 찾아 붕붕거리는 파리 향해
순간 이동하여 피 터뜨리던
저승사자의 대타, 파리채

냄새 심리학

그 사람 오늘 첨 봤는데
첫눈에 반했어, 는
얼굴도 표정도 말투도 키와 몸매
걷는 모습에 밴 경제 정도에
근거를 둔 고백은 아니다
오로지 그 사람의 냄새에 의해서이다
생전 처음 맡는 악취를 경험했다면
첫눈에 반할 수가 없는 것이다
결코 코가 용납하지 않기 때문이다

귀소

개구쟁이 새는 걸어 다닌다

익산 동산동 행정복지센터 옆
샛강 산책로에 몽글몽글 타설 된
콘크리트 촉촉한 길에
새 발가락, 네 발가락
오른발 총총 왼발 또박또박
어떤 새 신나게 찍으며
억새밭 식구들에게 돌아갔을까

시멘트 덧바르지 않아
화석이 된 발자국

텃세 부리지 않아 다행이다

이모, 공깃밥 하나요

트럭 짐칸에 우두커니 갇혀
우리들의 바짓가랑이 잡고
으으으 읍소하는 간지러운 패기도
빳빳한 고개 짱짱한 허리
억지로 굽혔다 펴는
자신만만한 유연성도, 까짓
이모, 여기 공깃밥 하나요 보다
더 큰 희망의 메시지를 들은 적 없다
밥공기에는 든든한 믿음이
공깃밥에는 두둑한 배부름이 있다

곁

엽, 근처, 가까이 혹은
손바닥으로 두세 번 치며
여기로 와, 는
거리감이 생기고
호감을 앞세운 그럴듯한 가둠이라
언제든지 멀리 갈 수 있도록
눈치 보게 하며
늘 불안해하는 이의 시야 속에
붙어 앉으라고 부담을 주기에
곁이 좋다
곁이라는 말이 좋다
끌어옴이 아닌
나를 내주는
곁은 숨소리다
서로의 마음결을 읽는 곁은
나에게 온 지독한 사랑,
죽어도 좋은 자리이다

공기방울 세탁기

그거 알아요
뒤 베란다에 쭈그리고, 주말 저녁이면
풀죽은 와이셔츠, 아내의 짠 내, 한숨
막내 턱받이에 어룽진 칭얼거림
중1 큰아이 불만 교복 안고
부릉부릉 팔랑팔랑 투두둑투두둑
때 팔자 콱콱 몰아붙여 분해하는
공기방울의 균형 방정식을,
그믐달처럼 늘 감추고 사는 자존심과
끕끕하고 찜찜한 기분 창피한 눈물까지
푸드득 푸드득 탈수시켜
보송보송 길 가는 옷 만드는
공기방울 세탁기의 깐깐한 고집 그거 알아요

비누

한땐 살갗이었던 부스럼과 살비듬
목숨 둘레에서 죽은 산소 부스러기들
미끄덩거리는 독설 번질대는 외설 벗겨내고
욕망의 찌꺼기와 허물 말끔히 헹궈
민낯, 부끄러워 순수한 정체 살포시 빛나게 하는
주먹만 한 혁명 뭉치

흑백사진 한 장

참상 덮느라 눈이 푹푹 내렸다
군용트럭 바퀴자국 꽁꽁 언 동부전선
낡은 오른쪽 군화 앞부리 드러난 채 누운
눈 위로 드러난 까만 맨손
눈 더미 밀어내며 버둥대다가
가쁜 숨결로 코와 입 주변의 눈만 녹았다
죽음의 숨구멍, 종군기자가 찍은
우리나라의 논두렁, 눈더미 무덤

마지막 손편지

인민군으로 끌려간 스무 살 앳된 신랑을
12시간 동안 상봉한 신부
……
헤어지는 찰나
버스의 차가운 창유리에 맞댄
서로의 오른손바닥
어긋난 노부부의 손금과 지문으로 남긴
65년 두께의 장엄한 답장

경건한 해우

구례 버스터미널 화장실
옆에 스님 오셔 눈 지그시 감고
근심 푸신다
난생처음 스님과 나란히 보는 볼 일
시선 앞에 놓인, 남성 수술 전문의원 명함
물끄러미 우릴 본다
괜히 화끈 죄송했다

공갈빵

일촉즉발을 즐기듯 고대하며
꼬장꼬장 부푸는 참 반죽의 떳떳한 자존심
열불 나게 하면 지그시 눈 감고
죽기 살기로 빵빵해져
손바닥으로 치면 바사삭 부서짐을 위한
빵의 낭만주의적 뻥

발 금

누구나의 발 앞 금
요행 앞으로 함부로 못 가게 막는 금
잘 보이지 않아 급한 발 떼이
금을 밟고 지우면 실격이기에
밝음으로 쉽게 가지 못하게 하는 발 금
도가 지나치다는 건 금을 넘는 것
누구나 금 밟고 싶지만
어영부영 옮기거나 덮지 않고
억제하는 저마다의 금,
새들이 허공을 채워가는 날개의
질서정연한 빗금 있기에
발 금 천지인 세상, 그래도 밝음으로 간다

제2부

온몸 악기

분위기와 곡절에 약하다
손바닥 손가락으로 어르고 누르고
당기고 보듬고 스리슬쩍 다독이며
숨죽을 듯한 격정을 풀무질하여
멜로디의 순리 가두고 풀어내는
사각의 주름진 울림통, 아코디언
고된 1인 오케스트라

콩 고르기

함박꽃 무늬 양은쟁반에 쏟아놓은
쥐눈이콩에서 쥐눈은 골라낸다.

왼쪽 가슴에 바랜 손수건 접어 달고
입학식 마치고 돌아온 일곱 살의 어스름
단칸방에 누워 뒤척이다 바스락 소리에
전등 비추니, 윗목 농짝 위에 도사린 채
까만 콩알눈으로 내려다보는 섬뜩한 쥐
어 소리도 안 나오고, 초저녁이라
식구들은 안 오고, 울고불고 떼쓰며
이사 가야 한다고 엉엉 악쓰다가
파랗게 질린 달과 마주했던 나의 눈물잠.

농 위에서 내려다보던 쥐눈은 골라 버리고
알콩달콩만 쓸어 담는다

날벼락을 튀기다

1톤 봉고트럭 적재함에 실린
지구본 닮은 가둠 철통을
파란 불꽃으로 뱅글뱅글 돌린다
기대 설렘 불안으로 달아오르는
옥수수 알갱이들, 아 어지러워
갸웃갸웃 황홀한 조바심 내다가
호루라기 소리에
부푼 꿈 펑 터트려 쏟아지는 튀밥
경건하게 튀겨낸 씨앗의 감탄사
뻥치고 뻥쳐도 밉지 않은 고소한 난동

새

연애 결혼이에요
중매 결혼이에요?

짹
자유결혼

보금자린 다습고
높이 살만한가 한가요?

짹
조롱이잖아

국수

서열 있어도 별말 없이
앉아 먹고 서서 먹어도
공손하게 받들고
일로 만나 어색한 사이
임의롭게 붙여주는 국수
옥상의 북동풍 치렁치렁 안고
곤한 별빛 외로운 달빛에
꿈도 촘촘 성형되어
허기와 비참함
쫙 펴 주는 당찬 국수 가락
구부러지지 않아 톡 부러지는
깡말라 속 깊은 자존의 타래

얼룩말

숨길 곳 없는 온몸 얼룩 끌어안고
초원을 내달리며 사자의 판단 오류 빚어내는
가장 근사한 흑백논리의 창시마創始馬

딱따구리 소통법

낙화암 가는
벼랑 숲 그늘
따르륵 따르륵
연발총 소리 같아
옴짝달싹 못 하고
숨어서 바라보는데
나무에 무전을 쳐서
속마음 고하고
다이얼 전화기의 신호음으로
떠보다가,
나무에 꾸벅꾸벅 절하는
몇 배속 영상 보여주듯
따르륵 따르르륵
부리로 쪼아 새기는
절대음감의 둥지 마술,
필사적인 유작인가
저러다 죽겠다
새 대가리가 아니었다

고소한 조바심

해풍 벼락 맞은 참깨의 본능까지 짜내
바지락무침에 몇 방울 두르는데
어린 날 정월보름 밥상머리에서 받아 마신
싸하고 속 따끈하던 귀밝이술로
소주에 이골이 난 고슴도치 머리 김 선장
웃어른께 술 올리듯 오른손으로 기름병 잡고
왼손으로 받쳐 찔끔 짤끔
아내 눈치 무렴하여 슬그머니 왼손 내리며
군침 꼴깍 삼켜
저녁 무렵이 더 고소한 섬, 위도

쭈쭈와 쪽쪽이

아가들 공통 달램 말, 쭈쭈
안정과 고요로 오는 물림 표

가짜 행복 꼭지 쪽쪽이
엄마 쭈쭈 극복시키는
부드러운 안정제, 쪽쪽이

허전해, 허옇게 퉁퉁 불도록
맛나게 빨아대던
쪽쪽이 용 엄지

참깨꽃 능소화 밤꽃 아카시아꽃은
꿀벌의 쭈쭈
바람 입술의 쪽쪽이

쭈쭈 쪽쪽이 엄지
맛나게 빨며
두둥실 꿈길 가다가
반짝, 눈 뜨는 쓸쓸함이여

소

벼린 꼬챙이에
코 뚫릴 때
비로소 허락되는
새김질
질서를 빙자한
둥근 코뚜레는
자유 누림이라는
거짓 술수
그래야 모락모락
쇠죽도 씹는다는
달짝지근한 회유,
거대한 몸뚱이 잡아채는
이랴 이랴 워 워
사람과의 평생 전쟁
두려움 삼키고
닭장 옆에 서서
눈 껌벅이며
대문 밖 길
내다본다

도리뱅뱅이

비단결 전설 사이로 흘러 다니던
빙어 피라미 떼
프라이팬 무쇠 관에 빙 둘러 안치되었다
슬픈 강물의 둥근 유품遺品

꽃을 보며 반성한다

별 잠들면 깨어나
서로의 용기 북돋워 틈내어 피고
저마다의 운명 틈에
꼿꼿이 서서 다툼없이 사는 꽃

꽃의 말, 꽃 생각은 받아쓰지 못하고
억새 바람 노을 여치의 말은 흘리면서
꽃 소재 글 쓴다며 어색한 말 엮어
꽃 시들게 한 꽃 시詩들

마른침 삼키며
온 힘 쏟아 피는 꽃은
세상의 불순함 걸러 축복을 위해 피는데,
나는 간혹 변명을 위해 꽃을 샀다

달콤한 반란

설탕 알갱이들의 신나는 돌림노래다
양철통 안 빙빙 회오리 곡조에
서로 온몸 안고 비비고 어루만지며
스칠수록 부얼부얼 벅찬 변신
솜털구름 새털구름 양떼구름 뭉게구름
펴지고 엉기다가 와 하품하며
제 꿈 버리고 남의 꿈 부풀게 하는 솜사탕

섬뜩한 동행

그는 무딘 것들의 버르장머릴 단박에 고친다
온 신경 곤두세워 칼 눈 벼리고
칼로 흥하는 가게 칼 때문에 망하지 않게
칼날의 사정과 매무새 경건하게 다듬는다
엄숙하게 갈아 두 손 높이 배달하고
평생 칼 찾아 칼 길 틔우는 무림의 고수
그는 행복한 칼갈이다

밤비 메들리

집 나간 며느리와 아무 상관도 없는 전어
왕새우 죽합 구이 냄새 발길 붙잡는
부안 상설 시장 '엄벙한 수산' 옆
오래된 골목골목 깨우며
초저녁 가을비는 메들리로 내리는데,
양철통에 핀 번개탄 갈탄 꽃불에
꿈 접은 반건조 오징어 배배 뒤재비꼬고
저마다의 뽕짝 18번 촉촉하게 부르는
단란주점 '밤비 메들리'

꽃무릇

선운사 도솔천 햇살 반짝이는 숲길
가냘픈 허리 짱짱하게 버티며
참사랑 꽃말 틔우는 앳된 얼굴들
가끔은 집 생각에 먼 곳 내다보다가
가슴 죄며 망설이고 애 터지다가
바람 죽비 맞아 무릎 꿇고 느끼는 그대
꽃무릎이라 부르고 싶은 꽃, 꽃무릇

그 들판 그 문장

죽을 듯 고된 비행에서 돌아와
가는 몸 긴 배의
숨 쉬는 마디로 가쁨 풀어내려
마른 옥수숫대 짚었다가
거미줄에 발목 묶여 빼빼 마른
잠자리 영정
초가을 지구의 꼿꼿한 공허

뜬금없는 선문답

강경포구길 벚꽃 그늘에 한국인의 밥상 차려놓고
최불암 선생이 앉았던 평상에 누운 젊은 할머니들
도리도리 짝짜꿍 곤지곤지 짝짜꿍 손주 이쁜 짓에
튀밥도 쥐여 주고 뽀로로 과자도 물려주며
호호호 손뼉치기 놀이하다가
양파망에 꽃게 가둬오는 용안댁 올려다보며
"알 뱄슈?"

따듯한 답장

좁아 쓸쓸하고 인적 뜸해 맨드라미와도 정든 골목
처마 밑 평상 둥근 밥상에 쪼그리고 서로 토닥토닥
고생했다 먹자, 안쓰러워 달 보며 서러워하기에
보름달도 뭉클, 더 밝게 살겠다고 소곤소곤 답장을 보낸다

엉긴다는 것은

말을 배우는 건 세상에 엉겨보려는 뜻
물방울 엉겨 새 강물 이루듯이
미워하고 둥둥 떠다니다가 입 다물고
겸연쩍게 기다림은
외로워 다시 뜨겁게 엉기고 싶다는 것
부처꽃, 팔손이 나뭇잎, 구름에 매달려
햇살 무게 가늠하는 물방울도
두리번거리며 엉길 곳 더듬는 것,
이별의 말은 또 다른 엉김을 위한 미련

머쓱한 로맨스

회양목에 앉았다가
핑 달려가
냅다 번쩍 불침 놓고
가쁜 숨 식을 겨를 없이
튕겨
탱자나무에 숨어
스스로 갇힌 척
진저리 털며
슬쩍 짝 넘겨보는
가랑이 찢어져도 좋은
뱁새

곧장

곧장은 직선적이다
즉각, 바로의 고삐인 곧장은
충동과 우발로 둘러대기 쉬워
변칙과 불안이 뒤따른다

새치기와 해찰과 상극인 곧장
곧장 오가면 곧장에 사로잡혀
보는 눈이 좁아지고 숨 가쁘지만
때론 곁눈 팔 수 없게
바람을 방지해주는 말, 곧장

곧장은 뒤집어 봐야 잘 깨우치고
그래야 돌아도 보고 멈춤의 참뜻
헤아릴 수 있어
뵐 면목 없던 꽃과 샛강도 곧장 보인다

빵덕

빵은 길을 만든다
빵은 길눈을 밝게 한다
빵 냄새는 기분을 들뜨게 한다
희로애락을 굽는 빵집에서는
좀처럼 다투지 않는다
길길이 뛰던 일수쟁이도
밴댕이 소갈머리, 싸낙배기도
코 찡한 넋두리 늘어놓으며
반들거리는 팥빵 크림빵 슬쩍 밀면
빵시레 웃게 하던 진정 빵

열기구

이름 그대로 열로 슬슬 열 올려
씩씩 열받게 해야 푸우 푸 올라가는
열 반응 허풍선虛風扇
꼭 맞고 꽉 차게 각본대로 부풀려
바람을 날치기하는 비행
공치사에 두둥둥 의기양양
목숨 걸고 횡단하는 기구한 기구
기이한 취향으로 염탐하고
식겁하며 체감하는 공포 기행

입하

무궁화호 마지막 열차가 왔다
지평선 역 청보리밭 여인숙
아늑한 잠자리 찾은 별들이
숙박계 쓰다가 곯아떨어진다
방문 앞 쑥버무리 소쿠리 모락모락
물주전자와 물컵 쟁반에 비친
달빛 환하다

꼬막 고막

벌교 읍내에서 뻘짓하는 서방 내팽개치고
뻘로 일제히 진군하는 꼬막 뻘 배
요 배는 엄니들 밥그릇이여 별간디 다 가
말이여 말, 허리 굽은 말, 눈물 먹고 무르팍으로 가는

벌교 시장을 타이어 밀 배에 납작 엎드려
손바닥 노 저으며 때수건 고무장갑 팔다가 고막 나갔네
노상 뽕짝 대빵 틀고 땅바닥 땡겨 다니다본께,
나 배가 장사 다니는 보부상 나룻배여 물도 안 새

복불복

산 토종닭 잡아 드립니다,
문구 내거는 주인 본 닭들
둥지에 서로 오르려고 야단법석
홰에 올라 눈 감고 숨죽여 자는 척
눈 뜨고 방정 떨다 발목 잡힌 닭
복날 복달임 예감한 듯
닭벼슬을 원망하며
풀 죽은 꼬꼬댁들
길 건너 교회 처마 스피커
명복을 비는 듯 온종일 찬송을 보낸다
먹을 복 터진 복날
닭 복 징그럽게 없어 복장 터지는 닭

고드름

평생을 조바심 매달고 사는
울퉁불퉁했던 기억의 말줄임표

제발 덕분에 그만둬요, 사정해도
한 방울의 미련마저 내려놓기 위해
제 한 목숨 차곡차곡 녹여 부러트리는
한 수도 물러나지 않는 결벽

처마와 땅까지의 거리 너무 멀어
천리길도 한 방울부터 내려놓는 고드름은
시詩샘의 다른 이름이었다

몰두

사바나, 암수 토피영양
두 자루 단검 머리에 벼리고
킁킁거리며 껑충 뛰어올랐다가
내리 치받는 살벌한 구애
천둥 번개 쩌렁거리는데
연방 되새김질에
사주경계에 여념이 없지만
하이에나의 표적이 된 채
지평선 황홀한 무지개 보며
펼치는 죽살이 성전性戰

첫 몸살

종남산 송광사 공양간 뒤곁
아늑한 연 방죽 깔고 앉아
와락와락 들고 일어설 듯 외는
개구리 독경
올챙이 적 생각하며 어찌나 꾹꾹 눌러
깊이 아뢰는지
초파일 종이꽃 접고 계시던 스님들
그 득음 빙긋이 들으시고
다들 숨죽이며 사붓사붓 걸어 다니신다

제3부

이층침대에 오르고 싶은 이유

영화에서 보았던 특급 열차의
이층침대에 오르고 싶었다
푹신한 구름 시트에 알랭드롱처럼 누워
카리브해 흰 벽 파란 창문 내다보며
차단기 내려진 건널목에 배시시 멈춰 선
자전거 탄 여인도 보고 싶었다

아홉 살 나던 해 추석 전전날 밤
용산 발 완행기차 선반 위에
짐 보퉁이처럼 옆으로 누워
담배 연기 자욱한 사투리 속에서 뒤척대며
떨어지는 신발 껴안던 기억,
그래서 이층침대에 오르고 싶었다

감나무는 힘이 세다

감이라 연시, 붉어 홍신데
영감 땡감 불알이 곶감 놀려도
감은 떫은 생각 달게 익히며 산다
낭창낭창한 가지에 저리 딴딴한 자부심
몇 접을 달고도 끄떡없어
세상의 반감과 교감하는
감나무는 공감나무,
함성 대신 묵언의 즙 야무지게 머금고
붉으락푸르락 악惡감의 불량 감투는
떨어뜨리는 호감 나무인
감나무는 힘이 세다

검은 상처의 블루스

회색 풀밭, 검은 도랑 가에
얼기설기 세운 까치집에 살며
이마에 랜턴 질끈 묶고
막장 억장 다 무너져 죽다 살곤 하며
목숨 깎고 공포 터트리고 희망 캐며
빳빳한 현찰 월급은 꼬박꼬박 받아
동네 도깨비시장 시끌벅적 반짝였고
유일하게 학벌 텃세 지역 차별 없어
쉬는 날이면 모여 진방남의 꽃마차 찾아
노래하자 꽃서울, 춤추는 꽃서울 부르고
검은 상처의 블루스 끼고 돌다가
살만하니까, 인생 공식 거역하지 못하고
가슴 속 탄광에 캄캄한 훈장 찬 갑룡 아저씨

죽여주는 온도

어둑한 겨울
들기름 동동 띄운 수란에
언 속 달래려 토렴한 콩나물국밥은
꼭두새벽부터 저세상으로 여럿 보낸다
캬! 살 맛나게 죽여주는 해장 국밥,
가장 맛난 민주주의의 온도

소슬한 사랑

미련 뉘엿뉘엿 기울어가는데
비구니 스님 어머니 멀리서 오신다니
취나물밥에 두부 무청 지짐
우엉 호박 부침개, 찐 가지 들기름에 무치고
된장 호박 표고 넣고 톱톱히 끓여
죄송하게 차린 눈물 공양인데
어따 진수성찬이네
서로의 마음을 뜨는 둥 마는 둥,
가실 어머니

찡긋

눈웃음이 매력적인 황 모 여배우
머리에 코스모스 꽂고 스님, 하고 잘못 부른
지난날의 취중 진땀 실수

신부님과 마주 앉아 기억 희미하고 민망해
능글능글 눈빛 애교 섞은 고해 성사

오해 풀어드리고 합장하며 떠나는데
두툼한 신부님의 두 손 모은 작별 인사, 나무아미타불

누가 누구를 모독할까

누군가요?
벌벌 떠는 여린 마음을
새가슴이라 한 분이,
주뼛주뼛 싸라기 고르다가
종종걸음으로 몇 번을 오가면
새 대가리라 뒷소리한 분이,
몸 가벼워 방앗간 그냥 못 지나치면
오두방정의 대명代名새, 참새
낟알에 환장하는 사이비 새라 한 분,
참새의 참은 진짜의 뜻도 있고
질서 있게 움직이는 새이기도 한데
그렇다면 누가 촉새인가요?

마음 과자점

옛날 과자 굽느라
손금에도 굳은살 박히고
구이판에 손바닥도 닳아졌소
깨 호박씨 해바라기 씨
잔챙이 씨앗이고 뭐고 다 볶아서
주문 강정 착착 문질러 짜 맞췄지
이 보물 판으로 반달 별 호두 삼각형
네모 동그라미 뭉게구름 새,
동전과 욕심 빼고는 다 구워냈는데
나같이 꽉 막힌 이 또 있을까 몰라
마음먹고 구웠으니 맛나면 사고
맛없으면 먹고만 가요
난 베테랑이여 베테랑
과자의 옛날 옛정도 구워

공손법

순창 오일장 찾은 순창 출신
드라마 한 지붕 세 가족의 순돌 아빠
임현식 탤런트가 중절모 벗어들고
여기 반짝 저기 슬쩍 들여다보자
칠순 팔순 동상 누이들이 언능 일어나
손바닥 내림 박수 치며 아이고 어쩌까 아이고
오매 어쩐디야 오매만 연달아 드린다

새집증후군도 꿈꾸는

투성이에 정이 간다
투성이 붙는 이가 좋다

옹이투성이의 가슴과 손바닥으로
떼쓰듯 살아 끌끌 눈총 맞으며
적막 속 기울어진 골목을
투정 부리듯 뽀도독 걸어가는
상처투성이와 같이 가고 싶다

아파트그림자보다 더 아래의 집에
바알간 불 켜진다
새집증후군이라도 꿈꾸며 뒤척일
걱정투성이 위해
얼룩투성이의 그믐달, 그래도 환하다

참아야 한다기에

누에 멕이고 꼬치 말리고
소 쟁기질 따라다니며
쉴 틈 없이 늙었다우
폭삭 꼬부라져 젖도 쪼글탱이 되부렀어
이젠 여자도 아녀
일거리 보면 눈은 겁내는데
손이 알아서 해 주마, 하기에
여태 저물도록 밭에 살았어
모기장 바른 문살로 솔래솔래 늦더위 가고
나락 여물고 삭신은 곪아떨어져
사람 죽겄는디
날이 끄무레해서 호박전 부치니
영감 눈치채고 게슴스레 술 바실 내려오는갑네

울림체를 보다

정읍 산외면 아흔아홉 칸 옛집
솟을대문 밖 앞뒤에 엎드린
노비들이 거주하던 초가, 호지護持집

홍시 같은 등잔불과 바느질하며
한 땀씩 한숨 갈고 눈물 찍어
비뚤배뚤 서까래 닮은 언문 익혀

식구들의 기구한 입 달래기 위해
영감마님들의 상가, 화톳불 무서운 마당에 앉아
공손하게 몸부림치며 흑흑 설움 삼켜
잘 울고 잘 울어드리던 소복 여인,
곡비哭婢의 울림체를 보다

46센티

호숫가에 앉아 있는데
날아온 새 한 마리
곁에서 몇 초간 쭈뼛대기에
숨 참고 있는데, 핑 사라진다
새가 머물던 난간과 나와는
손에 든 접이 우산 길이인 46센티,
그 거리에서 나를 믿어줬다
방울새였다

열한 살에 양품점 막내딸과
짝꿍으로 앉은 적 있었다
어깨와 그쪽 어깨와의 거리도
46센티쯤 되었을 것이다
숨 참는 버릇이 생겼는데,
소금 양치질 때문이었다

새초롬한 동창과 새는
나를 46센티쯤에 앉혀둔 채 떠났다

행복했던 동문서답

할무니 초코리 없어요?
아니 저고리는 왜 찾어, 읎어

제리는?
제비는 왜 찾어, 안 왔어

할무니 바비큐 먹고 싶은데
밥비벼 먹는다고? 매울텐디

그냥 맨밥 주까 아가
으앙
알았어 비벼주께 뚝 그쳐

걱정은 격정의 딴 이름이야

다가오는 걱정은
또 다른 숨 조임

눈 뜨면 걱정도 깨어나고
잠들면 걱정은 꿈으로 살아나
걱정에 갈아입힐 옷 챙겨
입히고 벗기는 끝 없는 걱정은
또 다른 숨 트임

저기 철로의 봄 숨결 조곤조곤 읽어 오는
장항선 서해 금빛 열차의 걱정 좀 봐
그래 맞아, 걱정은 격정의 딴 이름이야

눈물 콩물

목포의 눈물 잠시 멈춘
유달산 아랫동네
식전부터 콩물 울어 고소하다
사람 환장하게 만드는 요놈의 것을
맨 처음 목포극장 옆 전파사에서 흘린
팝송 새드무비를 콩글리시로 더듬거리며
맷돌 장단에 맞춰 맹글었소
이난영이도, 울 아버지도
이 목포는 항구에서 눈물 겁나게 흘렸소

시룻번을 떼어먹다

김새는 일은 쓸모없어,
솥에 떡시루 안치고 김빠져 설지 않도록
그 틈새 쌀 반죽으로 빙 둘러 붙인 시룻번

김 뿜어대며 군침 흘리던 솥단지
콩고물 익는 냄새에 그만
쫀득한 한 귀퉁이 떼어먹고
붓글씨 쓰는 종이 조물조물 돌려막았지만
김새는 이치 몰라 혼났던
철부지의 간식 시룻번

그런데 김빠지는 일 쓸모 있네,
김새야 완성되는 압력솥 밥이 여설적 고뇌

안 통해

언젠가 테레비 본께
바닷속 가득 메운 갈치 떼
온몸 꼿꼿이 세운 게
창 든 군사들로 보이더만
옳거니
꽁꽁 언 먹갈치로
영감 등짝 때려 부렀지
어찌나 말 안 듣고
평생을 지 맘대로 하든지,
안 죽더만 꿈쩍도 안 해
그것도 칼인디
칼 닮아 칼치라더만
소용없어,
밥 줄라고 화덕에 갈치 굽다가
유달산만 올려다봤소

수제비를 잊은 그대에게

푸념과 하소연과 원망이
착착 반죽 된 수제비에는
쉽게 떨어지지 않는 허기와 쫀득거리는 못마땅함
숨 막히는 쪼들림도 주루룩 스며 있다
늘 굴풋하여 오래도록 먹어온 수제비 가문이 싫어
끼니 거르며 FM 라디오 '밤을 잊은 그대에게' 듣다가
집 떠난, 수제비를 잊은 그댈 향해 수군수군
비도 내리곤 했다
지금은 '별이 빛나는 밤에' 들으며 수제비 생각할까

위대한 달랑

뻘건 삿대질에 언성 오르다가도
구경하던 제삼자가
아따 거시기 긍게 왜들 그런디야
흘끔 보며 담배 한 개비 톡 권하면
열이면 아홉은 빼 물며
다시 자초지종을 늘이다가 쌈은 끝났었다
구태여 서운한 불만 또 터놓지 않고
옹색한 이유 뿜는 푸념의 침방울 없이
담뱃갑 톡 올려치며 권하는 달랑 한 개비
몇 번 반복 재생 없어도 되는 몸짓말, 달랑
열불 식혀주던 위대한 달랑

차창 속으로

눈발 흩날린다면, 역 플랫폼 홍익매점 처마 밑에 서서
국물 뜨거워 훅훅 가락국수 먹고 여수행 열차에 훌쩍 올라
등잔불 얼비친 차창 속으로 가고 싶은 설 무렵의 밤이다

즐거운 불통

에미야 콩 꼬투리 털어내거라
언능 키로 콩 골라내야 쓰겄어
할머니, 키와 콩은 무슨 관계예요
아 재는 키 말고 까불리는 키 말여
키 재다 까분다고요?
에미야 야 좀 싸게 내보내라
아까 오줌 쌌는데요
오메 자 땜시 환장허겄네
자꾸 할메 놀릴겨 요놈의 콩새
콩밥 줄 챔여
저는 콩 골라내고 밥 먹는데요
오메 대수기 아픈 거

일용 엄니처럼

대기 번호표 들고 늘어선
어죽과 도리뱅뱅이 식당
주차장 모퉁이 그늘에
옹기종기 앉아 남새 다듬다가 문득
건너편 교회 출입문 위 전광판에
흘러가는 초록 글씨,
수고하고 무거운 짐 진 자들아
내게로 오라 내가 너희를 쉬게 하리라.
실눈 뜨고 한참 들여다보다가
어이 길수 어매 자리 옮기세
우덜 보따리 목사님이 날라주고
떨이 안 된 남새도 다 팔아 줄랑갑네.
다음 장엔 봉고자 갖고
우리 델러 오라고해야 쓰겄네
덕 쪼까 보게

여물고 여물어 여문

변성기 아이들
불알 여물어 간다고
엉뚱한 일 저지르고
시치미 떼는 아이들
대가리 여물어간다고
세수대야 물 차가워지면
요단강물 여물어간다고
동네 초입 평상에 앉아
막차에서 내리는 이
신수 들여다보던 할머니들,
방아깨비 간당거리면
가을 햇살 여물고
손톱에 봉숭아꽃물 여무니
송편 달 만들고
모과는 매급시 떨어지고

평화 기름집 모퉁이

맷돌만 한 들깻묵 세 판을
보자기에 싸 깔고 앉아
봄 쑥 냉이 머위잎만 딱 부려놓았다

어따 깨 팔러 가고 깨방정 소리 들었어도
깻묵에 퍼질러 앉은 여편네 첨 보겄네
엉덩이에 깻물 배면 누구 입 터질랑가 몰라

알음알음

으뜸택시 타는 약국 앞 긴 의자에
지팡이 세운 일개 분대 할머니들 앉아
읍내 주변 수색 정찰 정보 나눈다

하나로 농자재 판매점 옆에 생긴
미술관 호텔은 호텔여 미술관이여,
요샌 호텔 가면 그림 봄시롱 놀다 오는가벼

글고 기차역 건너 무인 모텔인가는
차가 통째로 들어가 잔다네 시방,
그럼 사람은 워디서 자남

자매니까요

세계 테마기행, 살아있는 인생 풍경
그린란드의 오로라를 보던
굳셈의 주인공으로 늘 힘과 잔정을 챙겨주는
민건이 할머니 이 여사님은
촌각을 다투는 언니의 간과 운명을 나누기 위해
바람 찬 홍남 부두 같은 세브란스병원으로 상경
긴 숨 내쉬며 입원실 침대에 오르는 밤
도곡 근린공원 나뭇가지에 핀 푸른 별빛
눈시울에 반짝 얼비쳤네

첩보주

은빛 요양원 후문 으슥한 화단
미니 버너에 양은 냄비 올려놓고
돼지고기 자글자글 볶아
사이다 페트병 공손히 주고받으며
죽인다 죽여, 좋아 죽는
그들만의 수상한 샤쓰빤스(서스펜스)
밉고 엉큼해서 짠한 술 추렴
명탐정 요양보호사 눈에 띌까
꼴깍 질겅 쩝쩝 힐끗 털어 넣는
스릴 만점의 눈시울 뜨거워지는 007 첩보주
결국은 혼자인 것을

아가와 아기

손자 라온이가 19개월 되었을 때
윙윙윙윙 고추잠자리, 노랠 들으면
울먹이는 아가 눈망울에 굵은 글썽 어렸는데

예순다섯 벌써 넘기고도
엄마가 섬 그늘에, 섬 집 아길 들으면
집 찾아 고샅길 시장 골목 헤매는
여섯 살이나 된 아기 울먹울먹 걸어 나온다

무화과

나 애 터지게 하기에
죽으나 사나
피눈물 삼켜
속마음에 숨겨 피운
열꽃
쪼개 보고도 그러시오?

제4부

햄버거

극과 극의 쌍 빵
분식과 채식의 절충 궁합 패티
처음 맞대면하면 속수무책,
예의범절 우아한 겸손 잠시 접고
품위와 고상함 소심함과 망설임
꾸욱 내려놓고
다소곳이 앉았지만 입 크게 벌려
눌러 먹고 베어 먹는 햄버거
잠시 이중인격자가 되어야
와앙 물 수 있어 버거운 햄버거
소극적 성격도 바꿔 주는 빵이기에
두 손 공손히 받들어 모시고
지명적 아름다운 입놀림으로
턱에서 똑소리 나도록 욱여넣어야
줆어지는 허기와 채워지는 끼니

잘 모르겠어요

이런☆ 모양이 별이라니
누가 별을 본떴을까요?
예쁘니까 도라지꽃 오이꽃 부추꽃
수선화 호박꽃도 별을 닮아가나 봐요
불가사리는 완벽한 바다별이네요
왜 그런지 잘 모르겠어요
이제부턴 별 모양 꽃엔 별을 달아줄까 해요
호박꽃별 호박별꽃, 하고요

얼음베개

팔베개 베어본 곤한 기억 있지만
팔베개해 준 기억 희미해졌네
찌릿찌릿 팔 떨어져 나갈 듯 저리는
가을을 기다린다, 팔 내주기 위해서다
내 팔은 얼음베개였나

콩알 옥슈슈

옥수수 훑어 먹고 난 속대 토막에
문풍지 바르고 남은 풀 긁어모아
메주콩을 붙여 심었던 날 있었지요

성적표 '수'자가 미워
왜 옥수수라 하는지 괜히 심술이 나서
콩알 옥수수를 만들었어요
옥양양 옥가가 옥미미 옥우우, 다 이상하니까
옥수수라 했나봐요.

고2 고전 시간에 문법을 공부하다가
중국 위수수[玉蜀黍옥촉서]가 건너와
우리식 발음 옥슈슈로, 단모음화가 일어나
옥수수가 된 사실을 배우고 마음이 풀린 그날
옥슈슈 하모니카 더 맛나게 불었지요

각본 없는 밥

천상병의 '주막에서' 나옴직한
대인시장 골목 천원 백반집
밥 국 세 가지 반찬 차림에
거룩한 자존심도 고봉으로 챙겨주는
얼씨구절씨구 든든한 밥심 잔칫상

밥심은 밥의 힘과 밥의 마음
땅심은 땅의 힘과 땅의 마음
민심은 힘보다
서로 받드는 마음이니
산 입에 거미줄 치랴, 는 고전
배불러서 해 뜨는 식당
차라리 위내한 시詩집

물방개, 물정을 알다

숲속, 짐자전거 뒷자리
물 담긴 함석 다라이
여러 칸으로 나뉘어
캐러멜 껌 양갱 막대사탕 희망 담배
빙 둘러 진열된 경품, 돈 걸면
주인이 통 가운데에 떨어뜨린
물방개, 물방정 떨며
발 내두르다가 갸우뚱
자박자박 홀린 듯 멈칫,
쏜살같이 저 좋은 칸으로 들어간다
꽝, 번번이 빗나가는 찬스
야속하고 싸가지 없던 물방개
물방개 좋아하는 먹일 발라놨나
그놈이나 그놈이나 한 통 속
천진난만했던 오래된 봄소풍길에
야바위 물방개 눈치 본 적 있었다

멸치 주인공 시점

보름달이 무서워요
추석 무렵 달맞이 다니다가
잡히면 숨부터 끊어요
어부들은 내가 두려워
불과 솥까지 싣고 다녀요

업신여길 멸蔑로 본다면
보잘것없는 목숨이라
조상대부터 업신여김당한 것인지,
촘촘히 잡아 털어 삶고 말려
끓이고 지지고 볶아 먹는 사람들을
업신여긴다는 것인지

빼빼 멸치라지만 짱짱한 자존심으로 버티며
모든 국물맛의 으뜸으로
맛 넋 환하게 해주는 나는 바다의 쌀이고
쌀과 멸치는 당신들의 목숨 아닌가요

고사리에 반하다

순천 웃장, 기억쌀상회 골목 안집
노란 알 밴 조기와 궁합 맞는지라
얼큰하게 지져져 진저리치게 하던 고사리

외딴 비탈, 산불 난 잿빛 자리
꼬들꼬들 초록눈 틔우며
꺾어 맛꿈 이루라고 불쑥불쑥 치솟는
지조 높은 살이 고살이

아래의 괄호에 생각 넣기

부화 될 애벌레
땅에 떨어질 때 죽을까 봐
때글때글 매달린 도토리 알 찾아
구멍 뚫고 알 슬어
긴 주둥이로 밀어 넣고
헬리콥터 날개 닮은 나뭇잎 가지 잘라
미리 떨어뜨린다
바람개비처럼 낙하하는 요람,
수일 후 쌀알 만한 알에서 깨어나
제집 갉아먹으며 꼬무락댈 애벌레를 위한
어미 도토리거위벌레의 지고지순
하물며 (　　　　　　　)

옛 서도역에서

열차 잠시 두리번거리다가 가던
과꽃 토란꽃 다닥다닥 핀 간이역

메뚜기 아뜨뜨뜨 고추밭 뛰어넘으면
원고지 칸 칸 같은 침목 밟으며
철로의 소실점에서 가을이 오고

저녁 무렵 푸른 산 기운 너머
구름이 시제詩題를 내고
바람은 돌담 틈으로 시를 공글린다

오케-사

영양군 수비면 소재지
우정다방과 어깨동무하고 앉아
도장 파고 흘러간 노래도 수리하는
시계방 오케-사
팔순의 주인 어르신 왼쪽 위 눈꺼풀과
아래 눈두덩 사이에
박카스 뚜껑만 한 돋보기 끼우고
톱니에 걸린 채 깔딱 숨넘어가는
옛 시간의 고질병 핀셋으로 집어내며
때 낀 약속과 아픈 이야기의 녹과
눈물과 가난 얼룩도 닦아내며
맡긴 이의 가쁜 기침 숨소리도
정교하게 수선, 째깍째깍 오케이

그리운 처마

손금의 운명선 오므렸다 펴보며 쉬어가던
외로운 사람들의 종점상회, 처마 저 너머
만경강 철교 위로 득달같이 내달리던 기차를 보며
그리움 안고 돌아온 날
토닥토닥 뜻 받아주던 처마, 어느 날 처마는 짧아지고
생략되어 밥상에 둘러앉은 식구들의 도란도란도
들을 수 없지만, 치켜 뜬눈 흘기는 눈빛 아닌
지그시 바라봐야 마음이 닿는 처마, 옛집의 눈썹

해남 아가씨

문해학교 졸업식 날

서울로 식모살이 왔다가
두부공장 물에 언 손 녹이며
문맹의 타향살이 버틴 박 여사님

까막눈이라 그게 늘 걸렸지
애들 학교에서 면담 요청 와도
딱 한 번 갔네, 오른팔 깁스했을 때
뭐 쓰라고 해도 팔이 이러니 어쩌겠어

눈 짐 벗으니 세상 발걸음도 가볍고
심 봉사도 눈 떴다는 삼겹살집 간판도 읽고
진짜 한글 맛나게 먹고 나도 눈 떴어

오늘은 이화여대 앞으로 왔지
즈덜이나 나나 다 학생이지 뭐

소금꽃소금

이 세상 가장 무거운 꽃, 소금꽃
천 바가지 바닷물로 소금 한 바가지 얻는데
그나마 해가 능청 떨면 물꽃도 잘 익지 않지만
정갈한 써레질 정성에 속고 속아 속음
그 끝에 핀 꽃소금

무당벌레 한 마리 물에 떠 있다
붉은 바탕 검정 점무늬 망토 차림으로
천적과 공생 공부에도 몰두했을 텐데
괜히 개똥밭에 굴러도 이승이 좋다고 했겠나
이 세상 가장 무서운 꽃, 소금꽃

사과

덥석 문 이빨
자국에 번진 핏물
영양 만점이라는
아침 사과의 편견과 기대,
깎고 쪼개도
깎지 않고 쪼개지 않아도
살점 내주는
통 큰 스피노자의 생각 박힌
알갱이, 꿀사과

참 문장을 보다

결 고운 옷 입고
사르륵 날 선 바람 날름 일으키며
부드러운 몸 곧추세운 머리
뱀딸기 눈 번득이며
일필휘지로 몸 붓 긋다 잡혀

스스로 결박용 끈이 되어
유리병 속에 똬리 틀고
붓는 독주에 고개 뻗대고 조아리다가
끝내 꼿꼿이 몸 세워 완성한
사족을 버린 뱀의 문체

양발 양말

꽁꽁 먼 길 가야 해, 두 켜리 신으렴,
걸어 오가던 시절의 설날 1호 선물

한 발에 신지는 않으니까
양발 양발 했는데
예닐곱 살 무렵 서울 사는 또래 친척이
얘 그건 양발 아니야,
그때부터 양말이었다

오늘 아침 양말에 양발 넣다가
검색해보니 서양 버선 양말洋襪로
족의足衣, 발에 입는 옷이었다

그래서 양말발 아닌 버선발로 달려 나와
자식 반기시던 우리 어머니들

동음이의어에 반했어요

왜 그렇게 소심한지 몰라
남자가 너무 소심해서 피곤해,
두근두근 사는 소심
대범함의 반대로만 알았는데
그 소심小心 아닌
본디 지닌 소박한 마음 소심素心을
오늘 보았어요
왜 그렇게 소심해가 아닌
이게 소심이야, 늦게나마
위로받아 참 다행이에요

친구의 추억을 적다

친구 집과 담 하나 사이
키 작아 쓸쓸했던 1960년대 오수중학교,
어느 봄날 등사실 소사 아저씨 숙직실에서
끄덕끄덕 코 골 때
귀한 우유병에 소중한 잉크 두 국자 슬쩍 담아
오수천 치렁치렁한 버드나무 뒤에 숨어
요 아래 빨래터로 파랑 잉크 슬슬 풀어 보낸 뒤,
팔짝팔짝 두리번거리는 아줌마 누나들 빙 돌아서
기차표 통 고무신에 으시딱딱 송사리 담아오던
유년의 능청, 개울에 내렸던 파랑주의보

어느 날

색종이 수수깡 풀 크레용 과자 상자
나무젓가락 실 노끈 마른 꽃 나뭇잎 모아
만들고 꾸미고 칠하여 번쩍 잠 깨던 공작工作 시간,
어느 날 침투한 공작선
어느 날 맞붙은 정치공작,
공작품 공작시간표 다 못쓰게 되어버렸다
참 나!

묵을 읽다

도토리는 키를 재지 않는다
키도 키 재는 법도 모르고
의도조차 알지 못하는 도토리는
이웃들의 떫은 고통과
우려내지 못하는 아픔을 대신 머금고
데굴데굴 살아야 하는 숙명을 알기에
개밥의 도토리도 되어 준다

탱글탱글한 즐거움 주기 위해
때로는 묵사발이 되기도 하지만
힘으로 들어 올리려 하거나
젓가락 쥐는 법과 집는 각도 어긋나면
제 몸을 사르기에
결국 수저로 떠먹는 우를 범하게 되는데,
야 쌉싸래한 묵맛 그만인데,
극찬받으면 감칠 묵으로 슬쩍 간들거린다

코 뺑 혀 톡

돌산 갓김치 여그 와 어정거리다가는
빰 맞고 가부러야
아따 요것이 사람 코 잡아 묵어 분당께
요요 수놈 거시기 좀 봐, 환장허겄네
항아리 속 그리움도 뭉클 잘 익고
싸한 바람 애간장 녹이는 영산포
긴 줄거리 머금은 바다의 올드보이, 홍어

파미르 마트

야크가 짊어진 짐 보퉁이 사이에 앉아
새끼 양과 갸우뚱 마주 보며 컸단다

여전히 딸랑대는 고삐 붙잡고
행상 행렬 따라가는 가난이지만
선생님과 간호사가 꿈이었던 친구들

눈 진흙 바람 불의 길을 오가며
마른 배설물로 구운 저녁 빵과
가장 희미한 산소 마시면서도

선한 눈망울로 또록또록 공부했다며
환하게 웃는 식품점 청년 마무르의 이가
배꽃처럼 하얗다

연필 연애

보고 싶어
꾹 눌러 쓰다가
부러진 그리움
다 급한 마음에서 비롯
힘들어도 힘 빼고
애둘러 써야지

보고 싶어
초조한 마음에
연하게 흘려 써
희미해진 고백
다 느긋한 마음에서 비롯
힘들어도 힘주고
한 번은 직설어법 써야지

촛불라면

1977년 겨울, 영일군 죽장면 첩첩산중
도피 및 탈출 훈련 중 펑펑 눈 맞으며 숨어든 농막
농사철이나 머물다 가는 듯 농기구와 새마을 잡지
몇 권과 시렁 위 상자에는 삼양라면 일곱 개
양초 세 갑에 비사표 성냥이 담겨 있었다
우리는 토방에 돌로 화덕을 만들고
양은 냄비에 눈 퍼 담아 양초 여섯 자루를 켜
느릿느릿 라면 끓여 먹고
냄비 바닥 그을음은 눈에 싹싹 문지르고
거동 수상자랄까 봐 별사탕 든 건빵 세 봉지 올려놓았다

알랑가 몰러

닭장 둥지 안
골프공 두 개
공보고 알 낳게
동기유발 공으로
동글동글 공갈쳐도
갈팡질팡 없이
공 품고 알탕 갈탕
알 낳는 알짜배기 닭
알랑가 몰러
알력으로 사는
알량한 거시기들
알나리깔나리

양파깡

매운 설움 사무쳐
황토물 밴 주먹 뿔끈 쥐고
맨땅에서 숨죽여 봉기 기다리다가
징하게 뽑혀
겹겹이 감춘 눈물 벗겨지고
속 아려 볼 장 다 본
파격 노출의 절정이라
깡만 남아 매서운 양파

지우개의 기억법

나를 찾아 다른 나를 지우면
새 삶 돋아나기에
지우개는 성장통을 지워 낫게 했다
멀리 간 그대도 자두향 분홍지우개로 지웠다
지운 자리에 희미하게 남은 자국
여러 번 힘 주어 지우지만
금잔화 나팔꽃 튤립처럼 다시 움트네
나를 지우면 내가 잘 보이고
또 다른 내가 보이면 지워야 한다
지우면 까맣게 돌돌 말리는 기억의 흔적조차
손가락으로 꾹꾹 눌러 버려야 한다
지우개도 자기의 기억을 지우려 하기에

의자가 앉아 있다

봉동 만경강 둑방길
느티나무 둥치에 등을 기대고
팔걸이가 없는 의자가 앉아 있다

수선화 철쭉과 같이 앉아
수로로 튀어 오르는 피라미 채어 삼키는
쇠백로를 한참이나 노려보다가
윷놀이하듯 미끄러지고 구르고 뒤집히며
신이 난 오리 식구를 들여다보는

앉히기 위해 앉아 있는 의자,
우리들의 온기와 맥박과 닿아
편안하게 먼 길 가도록
미리 수그린 의자의 신조는
낮은 곳에 먼저 앉아 봄이다

| 공감시선視線 |

봄동을 기다리며

김종기((주)다우메딕스 최고 기술경영 대표)

시의 주제는 무한하다. 감추어져 있어 보이지 않는 것들을 찾아 들춰내는 것만이 아닌 보이는 것 그대로도 하나의 시가 될 수 있다.

"남부시장에서 봄동 봄똥하기에
봄똥을 들여다본다
꼬들꼬들 노랗게 파마한 봄동이다
펑퍼짐한 연두색 살 드러낸 봄동이다
서 있는 것은 엉거주춤 똥을 누는데
엎드린 것들은 호벅진 봄똥을 내놓는다
봄놓, 딱딱하고 억세지 않은
봄의 된소리에 밥을 싸 먹는다"는
고등학교 국어 교과서에서 본 박 시인의 시 「된소리가 좋아」

의 일부이다. 아무것도 가지고 있지 않은 것 같으면서 만물이 보내는 무량無量의 자양분을 한껏 머금은 봄동의 모습이다. 봄에 눈뜨는 백화百花에 비하면 행색이 다소 볼품없는 '봄동'에서조차 감성의 미각을 자극하는 시가 나올 수 있다는 사실에서 시 주제의 다양성이 확인된다.

이처럼 간과될 수 있는 소재에 생명을 불어넣은 박 시인의 푸근한 감성과 표정을 제3시집에서도 읽으며 봄, 봄의 동쪽, 낮고 어두운 땅을 간질간질 지피는 '봄동'을 박 시인과 함께 기다린다.

|해설|

힘차고 세심한 삶의 관찰, 따스한 눈빛의 기도
—박만식 제3시집 『얼굴이 쓰는 이야기』

장재훈(시인, 문학평론가, 계간 ≪현대작가≫ 주간)

1. '꼭 보고 가야 할 표정이 남아 있다'

"폭폭하지만 둘러대기 싫어 시를 쓰고/더부룩한 생각 손바닥으로 쓸어내려/시가 짧아졌다./또 한 권의 일을 저지르고/우두커니 서 있는 나를 시들이 바라본다./꼭 보고 가야 할 표정이 남아 있다"

—「시인의 말」 전문

박만식 시인의 제3시집 『얼굴이 쓰는 이야기』에 들어 있는 「시인의 말」이다. 이것은 한 편의 시이면서도 이 시집을 대변하는 산봉우리인 셈이다. 괴테의 시 문구 "모든 산봉우리마다 휴식이 있노라. 나는 그처럼 씩씩한 휴식을 취하노라."처럼 멋

들어진 메아리인 것이다.

박만식 시인의 제3시집 『얼굴이 쓰는 이야기』 원고를 수견하고 맨 처음 했던 일이 시인의 제1시집 『푸른 간격』과 제2시집 『물집』을 챙겨보는 일이었다. 제1시집 『푸른 간격』은 그 당시 필자가 근무하던 학교법인 원광학원 원광사에서 상재上梓하였다. 그러나 시집에는 '도서출판 한맘'이라고 찍혀 있다. 원광사에서 인쇄소와 출판사를 구분 짓기 위해 만든 상호였다.

어쨌든 그 시집의 뒤표지에는 안도현 시인의 덕담이 실려 있다. "사람의 숨결이 시집이라는 항아리 속에 잘 갈무리되어 있다. 『푸른 간격』을 읽는 눈도 밝고 사락사락 봉투 붙이는 배고픈 소리도 살갑다. 언어의 매무새도 빼고 더할 것 없이 마침맞다"며 푸른 간격이 풍기는 사람 냄새를 높이 칭찬하였다.

채수영 문학비평가는 그 시집의 해설에서 다음과 같이 피력하였다. "박만식의 시는 회고적이다. 그리고 페이셔스와 재치와 삶의 이야기가 함축되어 눈을 뜨고 있다. 오래된 추억의 이야기가 때로는 사설풍의 가락을 서정의 묘미로 압축하는 재주는 놀랍다."

제1시집 『푸른 간격』과 제2시집 『물집』, 모든 시에서의 생명과 율동의 조화라는 것은 시어의 참신성과 감동의 차원에서 비롯됨을 알려주었다. 또한 예술적 순수의지의 정서를 일깨워 주고, 인간 감정의 우아, 비장, 관조를 생존의 가장 고답적인 것으로 간주하고 이 감정이 소박미, 감상미, 상징미 등의 미학적 연계로 이어지기를 소망한 시작품들이 많았다.

제1시집이 나왔을 때의 아름다운 추억이 있다. 이 시집 발간을 축하해주기 위해 전주에서 익산까지 안도현 시인은 자가용을 몰고 왔다(그 전까지 안 시인은 술 마시기 위해서라도 운전하지 않고 있었다)

불타는 듯한 배산의 낙조가 서녘 하늘을 붉게 물들이고 있었다. 그 불그레한 저녁노을을 바라보며 우리는 세 사람만의 출판기념회를 열었다. 돌려가며 박만식 시인의 시를 낭송하며 덕담을 나누고 많은 축하주를 마셨다. 전주에서 또 다른 일정이 있어 안도현 시인은 대리운전을 불러 떠난 뒤에도 우리 두 사람은 자리를 옮겨 가며 2차까지 가서 박 시인의 첫 시집 출간을 축하했었다. 그날의 멋들어진 광경들이 지금 유난히도 또렷하게 가슴에 와닿는다.

옆, 근처, 가까이 혹은
손바닥으로 두세 번 치며
여기로 와, 는
거리감이 생기고
호감을 앞세운 그럴듯한 가늠이라
언제든지 멀리 갈 수 있도록
눈치 보게 하며
늘 불안해하는 이의 시야 속에
붙어 앉으라고 부담을 주기에

곁이 좋다
곁이라는 말이 좋다
끌어옴이 아닌
나를 내주는
곁은 숨소리다
서로의 마음결을 읽는 곁은
나에게 온 지독한 사랑,
죽어도 좋은 자리이다.

—「곁」 전문

기슭, 기슭이 없다면
모든 것이 중심 놓치고
가운데로만 곤두박질치겠지만
강과 호수의 기슭은
낮지만 서로를 느긋하게 안아주고
기슭에 닿는 우릴 꼬옥 붙잡아 주지요
적고 작은 사람들은 세상의 중심을
원망하지만, 그래도 괜찮아요
중심도 힘들게 살아 온 흔적이니까

비탈은 더 미끄러지지 않게 버텨주고
외로움은 기슭에서 자라지만
우린 그곳에 옹기종기 모여 살잖아요
6월의 옥정호를 우러르는 이유는
밭아 주름진 물의 기슭, 물의 나이테

있는 그대로 보여주기에
물의 집에 물로 살고 있기에

―「기슭에 대하여」 전문

영화에서 보았던 특급 열차의
이층침대에 오르고 싶었다
푹신한 구름 시트에 알랭드롱처럼 누워
카리브해 흰 벽 파란 창문 내다보며
차단기 내려진 건널목에 배시시 멈춰 선
자전거 탄 여인도 보고 싶었다

아홉 살 나던 해 추석 전전날 밤
용산 발 완행기차 선반 위에
짐 보퉁이처럼 옆으로 누워
담배 연기 자욱한 사투리 속에서 뒤척대며
떨어지는 신발 껴안던 기억,
그래서 이층침대에 오르고 싶었다

―「이층침대에 오르고 싶은 이유」 전문

옥수수 훑어 먹고 난 속대 토막에
문풍지 바르고 남은 풀 긁어모아
메주콩을 붙여 심었던 날 있었지요

성적표 '수'자가 미워
왜 옥수수라 하는지 괜히 심술이 나서

콩알 옥수수를 만들었어요
옥양양 옥가가 옥미미 옥우우, 다 이상하니까
옥수수라 했나 봐요.

고2 고전 시간에 문법을 공부하다가
중국 위수수[玉蜀黍옥촉서]가 건너와
우리식 발음 옥슈슈로, 단모음화가 일어나
옥수수가 된 사실을 배우고 마음이 풀린 그날
옥슈슈 하모니카 더 맛나게 불었지요

—「콩알 옥슈슈」 전문

해풍 벼락 맞은 참깨의 본능까지 짜내
바지락무침에 몇 방울 두르는데
어린 날 정월보름 밥상머리에서 받아 마신
싸하고 속 따끈하던 귀밝이술로
소주에 이골이 난 고슴도치 머리 김 선장
웃어른께 술 올리듯 오른손으로 기름병 잡고
왼손으로 받쳐 찔끔 짤끔
아내 눈치 무렴하여 슬그머니 왼손 내리며
군침 꼴깍 삼켜
저녁 무렵이 더 고소한 섬, 위도

—「고소한 조바심」 전문

일찍이 신석정 선생은 이렇게 가르쳐 주었다. "꾀꼬리와 뻐꾸기 소리가 좋다고 꾀꼬리, 뻐꾸기 소리를 내려고 하면 안

된다. 동박새는 동박새 소리를, 참새는 참새 소리를, 까마귀는 까마귀 소리를, 나이팅게일은 나이팅게일 소리를 내야 한다." 한마디로 자기 목소리, 개성 있는 소리를 낼 줄 아는 시인이 되라는 가르침이었다.

이런 의미에서 박만식 시인은 자기 목소리를 지닌 개성적인 시인으로 우뚝 자리매김하였다. 시 「곁」을 감상하노라면 이처럼 담담하고, 이처럼 유장할 수가 없다. 젊은 시인들의 작품처럼 팽팽한 의욕과 긴장과 탄력이 살아 있다. '곁'이지만 '중앙'처럼 '주인공'처럼 가슴 속에 훈훈함과 애틋한 정서로 선명하게 "서로의 마음결을 읽는 곁은/나에게 온 지독한 사랑,/죽어도 좋은 자리이다"로 이 작품은 매듭짓는다.

「기슭에 대하여」도 「곁」처럼 산봉우리가 아니지만, '중심'도 아니지만, 이러한 유기적 결합을 이루고 있는 일종의 연작 시리즈 형태의 작품처럼 가슴에 와 닿는다. "적고 작은 사람들은 세상의 중심을/원망하시만, 그래도 괜찮아요/중심도 힘들게 살아온 흔적이니까"라고 말하는 박만식 시인의 문학의 길은 진작 가깝고, 기슭이고, 곁이고, 낮은 데서부터 출발하여 드디어는 우리의 범속한 상식이 뒤따르지 못하는 높은 경지에 이미 다다르고 있는 것 같다.

신경림 시인은 "오늘의 우리 시가 너무 크고 너무 높은 것만 쫓고 있는 것이 아닌가, 그래서 자잘한 삶의 결, 삶의 얼룩은 다 놓치고 있는 것이 아닌가 하는 점이 있다."고 그의 시집

『길』 후기에서 밝힌 적이 있었다.

「이층침대에 오르고 싶은 이유」에서 영화 속 특급 열차와 용산 발 완행기차 선반의 재치 있는 대조는 너무도 엄격히 구획 지어져 있었던 불평등, 나라와 나라 간의 낙차, 모순투성이의 예전 현실을 고발하는 하나의 확실한 단서이다. 결국 이 시는 우민화, 위화감, 몰이해, 가난과 천시에 젖어 있었던 일상적 통념을 신랄하게 꾸짖는 반향으로 되울려 온다. 이 시에서의 재미있는 장면의 구도는 창 너머로 우뚝 놓여 있는 "용산 발 완행기차 선반 위에/짐 보퉁이처럼 옆으로 누워/담배 연기 자욱한 사투리 속에서 뒤척대며/떨어지는 신발 껴안던 기억"이다 추석 전전날 밤, 완행열차 속 풍경화 한 장면은 삶을 이끌고 가는 어떤 근본성이랄까, 그 참담한 아름다움의 진술과 맞닿아 있는 듯하다.

「콩알 옥슈슈」는 코믹하면서도 옛 추억을 되살려주는, 시적 시간성의 의미를 깨닫게 해 준다. 한 시인이 자신의 시작품 전반을 통하여 드러내 보여주고 있는 시간성과 그 의미는 무엇일까. 그것을 알아보는 것은 인간의 보편적 삶이 지니고 있는 본질의 세계를 이해하는 데에 매우 유익한 도움을 준다고 여겨진다.

「고소한 조바심」 또한 코믹하면서도 인간과 사물, 환경과 정황을 직접 서정적으로 경험하도록 요구한다. 우리는 박 시인이 이끌어 들이는 시간 속으로 손쉽게 따라가서 해풍, 벼락, 참깨의 본능, 바지락무침, 밥상머리, 귀밝이술, 고슴도치 머리 김 선장, 아내 눈치, 무렵, 군침 따위의 시어 속에 떠 있는 "저녁 무렵이 더 고소한 섬, 위도"를 만날 수 있으며, 현상의 본질을 생생히 경험할 수 있으리라.

2. 삶과 세계를 아우르는 열린 감각

얼굴은 표정을 만든다
표정은 마음의 밑그림
때론 비밀을 대신 비유하는
부드러운 가면이다

바라보는 낯선 얼굴 있어
도두보이기 위해
크고 밝은 표정 베끼고 본뜨면
나다움 다 지워진다
표정은 말보다 구체적이고
그림자와 설움에도 스며있어
표정에 얽매여 살지만
어색하고 서툰 표정을 사랑한다

진심은 강물처럼 변하며
표정 뒤에서 망설이기도 하지만
공평할 때 얼굴은 선해지고
공정할 때 표정은 진실해져,
태어날 때와 숨 멎을 때

표정은 마음을 기억하고
내 얼굴로 돌아와 완성된다

—「표정, 얼굴이 쓰는 이야기」 전문

그 사람 오늘 첨 봤는데
첫눈에 반했어, 는
얼굴도 표정도 말투도 키와 몸매
걷는 모습에 밴 경제 정도에
근거를 둔 고백은 아니다
오로지 그 사람의 냄새에 의해서이다
생전 처음 맡는 악취를 경험했다면
첫눈에 반할 수가 없는 것이다
결코 코가 용납하지 않기 때문이다

—「냄새 심리학」 전문

누에 멕이고 꼬치 말리고
소 쟁기질 따라다니며
쉴 틈 없이 늙었다우
폭삭 꼬부라져 젖도 쪼글탱이 되부렀어
이젠 여자도 아녀
일거리 보면 눈은 겁내는데
손이 알아서 해주마, 하기에
여태 저물도록 밭에 살았어
모기장 바른 문살로 솔래솔래 늦더위 가고
나락 여물고 삭신은 곯아 떨어져

사람 죽겄는디
날이 끄무레해서 호박전 부치니
영감 눈치채고 게슴츠레 술 마실 내려오는갑네

—「참아야 한다기에」 전문

예순다섯 벌써 넘기고도
엄마가 섬 그늘에, 섬 집 아길 들으면
집 찾아 고샅길 시장 골목 헤매는
여섯 살이나 된 아기 울먹울먹 걸어 나온다

—「아가와 아기」 일부

수선화와 철쭉과 같이 앉아
수로로 튀어 오르는 피라미를
채어 삼키는 쇠백로를 한참이나 노려보다가
윷놀이하듯 미끄러지고 구르고 뒤집히며
신이 난 오리를 들여다보는

앉히기 위해 앉아 있는 의자,
우리들의 온기와 맥박과 닿아
편안하게 먼 길 가도록
미리 수그린 의자의 신조는
낮은 곳에 먼저 앉아 봄이다

—「의자가 앉아 있다」 일부

박만식 시인의 작품을 대할 때마다 타성과 인일주의에 젖어 있는 소생의 작품과는 다른 데에 늘 놀라운 충격을 경험하곤 했다.

우리 문단의 대다수의 시 작품들이 이질적이고 낯선 로맨티시즘, 경박한 주지풍의 기교주의, 뜻 모를 초현실주의와 다다이즘, 아니면 실존주의 따위가 마구 흩뿌려대는 치기만만함, 몽롱성, 무책임한 언어유희 등에 빠져 있다. 박만식 시인은 특이하게 이런 와중에서 벗어나 친근한 소재, 다정다감한 가락, 민중적인 정서, 쉽고 따뜻한 언어라는 보편주의의 원리를 철저히 지켜왔다. 마치 갈기를 휘날리며 힘차게 달려가는 한 마리 청색靑色 야생마처럼 시의 들판에서 당당히 달려왔고 앞으로도 달려갈 것이다.

박만식 시인의 작품들은 짧고 단단하여 반복되는 중언부언, 감정의 격앙을 풀지 않은 문맥의 과도한 긴장성, 시도 때도 없이 나타나는 잦은 영탄 등이 없어, 필자는 모든 사람들에게 '보아라, 우리에게도 이렇듯이 자신의 확신과 민중적 삶의 슬기가 가득 담긴 시집이 있지 않은가'라고 말하고 싶어진다. 『얼굴이 쓰는 이야기』를 읽노라면, 삶이라고 하는 것은 어느 한 개인만의 삶이 아니라 다른 사람의 삶이기도 하며, 동시에 우리 함께 사는 역사의 세계임을 인지하게 된다. 이 쉬우면서도 철학적인 작품을 감상하노라면 시작품이 나타내는 얼굴, 표정, 밑그림, 비밀, 그림자, 걸음, 가면, 어색함, 진실, 비유, 공평, 공정, 태어날 때, 숨 멎을 때, 마음, 기억 등은 시인 자신의 개인적 자아의 모습이면서도 동시에 이 시대를 함께 영위하고 있는 우리 모두의 민족적 자아의 실체이기도 하다.

"얼굴은 표정을 만든다/표정은 마음의 밑그림/때론 비밀을 대신 비유하는/부드러운 가면이다" 이 시를 몇 번이고 소리내어 낭송해 보아라. 가슴 깊이 울려오는 철학자의 목소리가 들려오며 박만식 시인의 시세계가 보여주는 차분하지만 확고한 의식이 매우 특별한 광채로 번뜩이기 시작함을 느낄 것이다.

「냄새 심리학」에도 첫눈, 얼굴, 표정, 말투, 악취, 코, 용납 등 사람과 사람 사이를 깊이 있게 보는 확신에 찬 시언어가 등장한다. 한 시인이 자신의 시작품 전반을 통하여 드러내 보여주고 있는 표정과 냄새와 모습 등 그 의미는 무엇인가. 그 의미를 알아보는 일은 인간의 보편적 삶이 지니고 있는 본질의 세계를 파악하는 데 매우 유익한 도움을 준다고 본다.

구수한 방언으로 토속적인 내용을 가득 담고 있는 「참아야 한다기에」를 감상하노라면 누구나 입가에 저절로 미소가 떠오를 것이다. 이렇듯이 흙냄새, 고향 냄새가 물씬 풍기는 작품은 박만식 시인만이 쓸 수 있으리라. 이것은 오랜 경험의 토대에서 터득된 달관의 자연스러운 저력이라고 보여진다. 박만식 시인은 외재율과 사투리를 집중적으로 경험함으로써 형태적 간결성을 새로이 체득하게 되었으며, 이 간결성은 거의 모든 작품에서 다시 시도하고 있는 비연 형태에서 매우 중요하고 유니크한 힘으로 작용한다. 이 시인은 자신의 시에 시적 긴장

효과를 북돋우는 특수 장치(?)를 적절히 활용하고 있는 듯하다. 그러나 이러한 특수 장치의 활용은 결코 아무나 할 수 있는 범용의 것이 아니다.

「섬 집 아기」 동요는 누구나 다 알 것이다. "엄마가 섬 그늘에 굴 따러 가면/아기는 혼자 남아 집을 보다가/바다가 불러주는 자장노래에/팔 베고 스르르 잠이 듭니다" 2절에는 갈매기 울음소리 마음이 설렌 엄마가 다 못 찬 굴바구니 머리에 이고 모랫길을 달려오는 장면이 나온다. 「아가와 아기」는 김소월의 〈엄마야 누나야〉의 정서도 떠오르며, 짧지만 읽을수록 한 편의 동화를 읽는 기분이 든다. 이 모든 것은 순간적인 재치나 날카로운 시인적 지혜의 작용이라 여겨지지만 모든 리듬이 팽팽한 긴장으로 되살아나는 것은 박만식 시인만의 특유의 세련된 언어감각이라고 여겨진다.

"앉히기 위해 앉아 있는 의자,/우리들의 온기와 맥박과 닿아/편안하게 먼 길 가도록/미리 수그린 의자의 신조는/낮은 곳에 먼저 앉아 봄이다" 「의자가 앉아 있다」는 '산은 산이요, 물은 물이다'라는 말이 떠오른다. 이 말은 송나라 청원유신 선사의 설법을 성철 스님이 다시 인용하면서 유명해진 말이다.

김광원 문학박사는 이런 경지를 다음과 같이 피력하였다. "마음을 비운 텅 빈 세계에서 바라볼 때 사물을 있는 그대로 선입견 없이 직관하게 된다. 시간과 공간 등의 상대적인 세계를 초월하여 사물을 있는 그대로 직관할 수 있는 일은 말 그대로 절대적 초월적 경지에서 이루어진다."

터질 듯한 긴장이 지나간 다음에는 고요가 오고, 이 고요는 자아 해탈의 경지이자 선정禪定의 상태이다. 이미 고뇌의 비장함을 체득한 시인은 이 정밀靜謐의 상태를 '의자'라는 무생물에다 비유했음도 짐작해 볼 일이다. 인간이라는 무상의 개념에서 벗어나려는 포즈 뿐만 아니라 기회만 있으면 밀려드는 관념을 아예 방치하거나, 또는 무성한 관념 쪽으로 마구 휘두르는 칼질(?)에서 우리는 이 시를 감상하며 엑스터시에서의 황홀한 예술 감각에 젖을 수 있다.

「묵을 읽다」, 「파미르 마트」, 「따듯한 답장」, 「첫 몸살」 등 수많은 작품에서 우리는 철학성과 민중성을 바탕으로 두고 넘쳐흐르는 박 시인의 맑은 서정을 감지할 수 있다.

한 시인이 펴내는 한 권의 시집에 그냥 그대로 읽을 만한 작품이 섞여 있는 경우도 드문 게 현실인데 박 시인의 시집엔 읽을 만한 작품이 수두룩하고, 그것도 절창이 여러 편이나 끼어 있다는 사실은 우리를 더욱더 놀라게 하고, 또 다른 시인들로하여금 시샘마저 느끼게 한다. 그러나 그것이 도저히 아무나 다다를 수 있는 세계가 아닌 것이 바로 시인으로서의 박만식이 지닐 수 있는 강점이자 뛰어난 상섬인 것이다.

3. 끊임없는 내적 탐구와 고뇌

백일홍 환한 완주 송광길 언덕에
용진성당과 자선암이 어깨를 맞대고
도란도란 앉아 있습니다

암자 마당에서 독경 들으며
아침 공양 쪼아대던 참새 떼
포르릉
성당으로 자릴 옮겨 찬송가 들으며
맛난 점심을 먹습니다
초파일엔 느티떡 받들어
성당으로 마실 다녀오고
부활절엔 빵 올려 물고 암자에 다녀오곤 하는데,

암자와 성당은 서로 공손히 합장하며
소곤소곤 저녁을 맞이합니다

—「믿고 믿음」 전문

말을 배우는 건 세상에 엉겨보려는 뜻
물방울 엉겨 새 강물 이루듯이
미워하고 둥둥 떠다니다가 입 다물고
겸연쩍게 기다림은
외로워 다시 뜨겁게 엉기고 싶다는 것
부처꽃, 팔손이 나뭇잎, 구름에 매달려
햇살 무게 가늠하는 물방울도

두리번거리며 엉길 곳 더듬는 것
이별의 말은 또 다른 엉김을 위한 미련

—「엉긴다는 것은」 전문

좁아 쓸쓸하고 인적 뜸해 맨드라미와도 정든 골목
처마 밑 평상 둥근 밥상에 쪼그리고 서로 토닥토닥
고생했다 먹자, 안쓰러워 달 보며 서러워하기에
보름달도 뭉클, 더 밝게 살겠다고 소곤소곤 답장을 보낸다

—「따듯한 답장」 전문

정읍 산외면 아흔아홉 칸 옛집
솟을대문 밖 앞뒤에 엎드린
노비들이 거주하던 초가, 호지護持 집

홍시 같은 등잔불과 바느질하며
한 땀씩 한숨 갈고 눈물 찍어
비뚤배뚤 서까래 닮은 언문 익혀

식구들의 기구한 입 달래기 위해
영감마님들의 상가, 화톳불 무서운 마당에 앉아
공손하게 몸부림치며 흑흑 설움 삼켜
잘 울고 잘 울어드리던 소복 여인
곡비哭婢의 울림체를 보다

—「울림체를 보다」 전문

박만식 시인의 또 다른 시선은 종교와 대자연의 깊이와 높이

에도 머물러 있다. 박 시인은 시인 자신과 작품을 포함한 총체적 의미에서의 존재를 더 깊은 곳, 더 높은 곳으로 이동시키고자 한다. 그것은 다름 아닌 일반성과 상투성, 범속성이 소멸된 세계이다. 그의 의지에 찬 노력과 성과는 우리 문단의 그 어떤 누구보다도 단연 독보적이라고 할 수 있다.

어떻게 보면 현실에 안주하고 있는 범속한 시인들은 자신의 정신과 예술 세계를 거듭 태어나도록 하는 일에 무관심할 뿐만 아니라, 부단한 자기 탈각, 자기 극복을 감행하지 않고 있다. 그러나 박만식 시인은 모름지기 자신의 창조적 열정과 정신세계가 노후하지 않도록 늘 새로운 모습으로 자신을 끊임없이 물갈이하고, 탈바꿈해 왔다.

"암자와 성당은 서로 공손히 합장하며/소곤소곤 저녁을 맞이"하는 「믿고 믿음」, "햇살 무게 가늠하는 물방울도/두리번거리며 엉길 곳 더듬는" 「엉긴다는 것은」, "보름달도 뭉클, 더 밝게 살겠다고" 「따듯한 답장」을 보낸다.

종교, 철학, 역사, 대자연의 세계를 노래하는 것은 실제로 성취하는 과정상의 어려움, 힘겨움, 의욕의 부족, 소극성 따위로 말미암아 표현해내기가 난해하다. 그러나 박 시인은 이러한 세계의 표현 또한 쉽고도 깊이 있게 토로해 준다. 이처럼 종교와 대자연에 대한 끊임없는 내적 탐구와 고뇌는 박만식 문학세계 전반을 꿰뚫고 있는 가장 중요한 중심 주제라고도 할 수 있다.

힘차면서도 세심하고, 넓으면서도 깊이 있는 삶의 관찰자인 박만식 시인의 시를 감상하며 따스한 눈빛의 기도와 새로운 긍정과 의지의 빛을 읽을 수 있었다. 소박한 소재이거나 무거운 소재이거나 우리의 정서로 쉽게 표현해내고 있는 것은 오직 박만식 시인만이 보여주는 탁월성이다.

부디 이 시집을 발간함으로써 엔도르핀이 샘솟아 시의 새로운 도약과 감응을 위한 따뜻한 길로 접어들 수 있기를 소망해 본다.